FATE'S LITTLE PICTURES

Also by Larissa Miller
in English translation:

POETRY

Guests of Eternity
Translated by Richard McKane
Poetry Book Society Recommended Translation
(Arc Publications, 2008)

Regarding the Next Big Occasion
Translated by Richard McKane
(Arc Publications, 2015)

PROSE

Dim and Distant Days
Translated by Kathleen Cook & Natalie Roy
(Glas, 2000)

Larissa Miller
Fate's Little Pictures

Translated by
Richard McKane

2020

Published by Arc Publications,
Nanholme Mill, Shaw Wood Road
Todmorden OL14 6DA, UK
www.arcpublications.co.uk

Copyright in the poems © Larissa Miller 2017
Translation copyright © Richard McKane 2017
Copyright in the present edition © Arc Publications 2020

978 1911469 22 3 (pbk)

Design by Tony Ward
Cover from an original watercolour by Marcus Ward
Printed in the UK by Ashford, Gosport, Hants

In memoriam

RICHARD MCKANE

I dedicate this book to my dear friend
Richard McKane (1947-2016),
whom I've known for almost 20 years.
This is my third collection of poems
translated by him and published
by Arc Publications.

Larissa Miller

This book is in copyright. Subject to statutory exception and to provision of relevant collective licensing agreements, no reproduction of any part of this book may take place without the written permission of Arc Publications.

Arc Pamphlet Series
Series Editor: Tony Ward

CONTENTS

6 / Нас годы предают	The years betray us / 7
8 / Все в воздухе висит	Everything is hanging / 9
8 / Тончайшим сделаны	Fate's little pictures / 9
10 / Всё как по нотам	All according / 11
10 / А мне туда и не	I can't break through / 11
12 / Земля да небо. Третий	Earth and sky / 13
14 / Давай поедем по	Let's go round the ring / 15
14 / Моя любовь, мое	My love, my curse / 15
16 / Плохо дело, плохо дело	Things look black / 17
16 / Нам август	August in its leaving / 17
18 / Роза, жасмин	Rose, jasmine / 19
18 / Мы ещё и не живём	We are not alive yet / 19
20 / Все это движется	All this moves / 21
20 / Всех слов и строчек	The clean margin / 21
22 / И я сгораю в том огне	I burn in that fire / 23
22 / И золотым	The leaves / 23
24 / Получен счет	We've received / 25
24 / Осыпается жасмин	The jasmine petals fall / 25
26 / Постой же	Stop a little, time / 27
27 / Голос ломок	Brittle voice, salty tear / 27
28 / Что со мною?	What's up with me? / 29
28 / Да не прервётся связь	Let the connection / 29
30 / Ну успокойся,	Well, calm down, / 31
30 / Мне сегодня не до	Today I can't sleep / 31
32 / Текущий день	The day / 33
32 / Чего мне хочется?	What do I want? / 33
34 / От яблок ветка тяжела	The branch is heavy / 35
34 / Я говорить	I'm tired of speaking / 35

***

Нас годы предают,
Нас годы предают,
Нас юность предает,
Которой нету краше,
И птицы, и ручьи
Весенним днем поют
Не нашу благодать,
Парение не наше.
Лети же юность, прочь.
Я не коснусь крыла
И не попомню зла
За то, что улетела.
Спасибо, что была,
Спасибо, что вольна –
И улетела прочь
Из моего предела.
И я учусь любить
Без крика «подожди!»,
Хоть уходящим вслед
С отчаяньем гляжу я.
И я учусь любить
Весенние дожди,
Что нынче воду льют
На мельницу чужую.

1972

* * *

The years betray us,
the years betray us,
youth which could not be more beautiful
betrays us,
and birds and streams
sing on spring days
not for our grace
and their soaring is not ours.
Fly away youth,
I will not clip your wings
nor will I remember the harm
at your leave-taking.
Thanks for being there,
thanks for your freedom –
and for departing
from my realm.
And I learn to love
without shouting 'Wait!'
although I look in despair
at those going away.
And I learn to love
the spring rains
that are now pouring water
into someone else's millrace.

1972

* * *

Все в воздухе висит.
Фундамент – небылица.
Крылами машет птица,
И дождик моросит.
Все в воздухе: окно,
И лестница, и крыша,
И говорят, и дышат,
И спят, когда темно,
И вновь встают с зарей.
И на заре, босая,
Кружу и зависаю
Меж небом и землей.

1977

* * *

Тончайшим сделаны пером
Судьбы картинки,
И виснут в воздухе сыром
На паутинке.
Летящим почерком своим
Дожди рисуют,
И ветер легкие, как дым,
Штрихи тасует.
… Рисуют, будто на бегу,
Почти небрежно.
Я тот рисунок сберегу,
Где смотришь нежно.
Живу покорна и тиха.
И под сурдинку
Колеблет ветер два штриха
И паутинку.

1980

* * *

Everything is hanging in the air.
The foundations are a fable.
The bird flaps its wings
and the mist falls softly.
All is in the air: window,
stairs, roof,
and they talk and breathe,
and they sleep when it's dark
and get up with the dawn.
And barefoot I tread
circling and hovering
between heaven and earth.

1977

* * *

Fate's little pictures
drawn by a fine-tipped pen,
hang in the damp air
on gossamer threads.
The rains draw
with their own flying hand,
and the breeze shuffles
light strokes like smoke.
They draw, as if on the run,
almost without caring.
I shall treasure that drawing
where your expression is tender.
I live obediently and quietly.
With muted play
where wind shakes
strokes on strands of silk.

1980

* * *

Всё как по нотам, как по нотам:
Знобит листву перед отлётом,
А нот осталось «ля» да «си»,
А дальше… Господи, спаси.
Спаси, помилуй, дай мне голос,
Чтоб ноту тонкую, как волос,
Продлить, проплакать, протянуть,
В неведомый пускаясь путь.

1980

* * *

А мне туда и не пробиться,
Откуда родом дождь и птица.
И полевые сорняки
Такие знают тайники,
Какие для меня закрыты.
Дороги дождиком изрыты,
А дождик в сговоре с листвой.
И разговор невнятный свой
Они ведут. И дождь уклончив:
Стихает, речи не закончив,
И вновь летит наискосок,
Волнуя реку и лесок
Речами быстрыми. Как в душу
Я в реку глянула: «Послушай»,
Прошу: «Поведай, покажи»…
А там лишь небо да стрижи.

1980

* * *

All according to the notes, the notes:
the leaves are in a fever before flying off
and of the notes there's 'la' and 'ti',
and further… Save us O Lord.
Save us, have mercy, give me a voice
to extend the note, slender
as a hair, to cry it through, to draw it through
launching out on an unknown path.

1980

* * *

I can't break through
to where the rain and the birds are born.
And the weeds of the field
know such tiny secrets
that are closed to me.
The roads are pitted with little drops of rain
and the moisture has a deal with the leaves,
and they carry on their inarticulate
conversation. And the rain is evasive,
it subsides, not finishing its speech
then flies slantwise again,
troubling the river and copse
with its swift speeches. I looked into the river
as into a soul, 'Listen',
I say: 'Tell and show'…
but there were only swifts and sky.

1980

***

I

Земля да небо. Третий – лишний.
Ветра то громче, то неслышней
Ему метельною зимой
Гудели в ухо: «Прочь, домой»,
А он в ответ: «Я дома. Вот он,
Мой дом. Моим полита потом
Земля», – твердил он, слаб и мал,
Как будто кто ему внимал.

II

А начинал он в до мажоре,
Но, побывав в житейском море
И тяжкую изведав боль,
Сменил тональность на C mol,
И подчинился черным знакам,
И надышался черным мраком,
И взоры устремив горе,
«Доколь», воскликнул на заре.
«Доколе, Господи, доколе»,
Прошелестело чисто поле.
«Доколь, доколь, до соль, до ля»,
Вздыхали небо и земля.

1981

* * *

I

Earth and sky. A third is superfluous.
The winds now louder, now softer
in the snowstormed winter
hummed in his ear: 'Go, go home'.
And he answered: 'I'm at home. Here it is,
my home. The earth is covered with my sweat,' –
he said, weak and small,
as though someone was listening to him.

II

He began in C major,
but having spent some time in the ocean of life
and having suffered agony and pain
he changed his key to C minor,
and he submitted to black notes
and breathed in the black murk
and raising his eyes to Heaven,
at dawn, exclaimed 'How long?'
'How long, O Lord, how much longer?'
the field rustled in answer.
'Until, until, till *soh*, till *lah*,'
sighed the earth and sky.

1981

* * *

Давай поедем по кольцу,
Чтоб от начала и к концу,
А, может, от конца к началу.
И коль тебя не укачало,
Давай с тобой средь тех же мест
Кружить пока не надоест.
Дорога, изгородь, скворешник,
Дорога, изгородь. Орешник
Роняет вешнюю пыльцу.
Давай поедем по кольцу.

1981

* * *

Моя любовь, мое проклятье,
Судьба моя, в твои объятья
Лечу. В неверные твои,
Таи все тайное, таи,
Ветрами раздувай мне платье,
Июньским ливнем напои.
И на отчаянное «где ты?»
Не отвечай. Лучом согреты
Дороги, по каким лечу…
Не ты ль склоняешься к плечу
И шепчешь: «Вот промчится лето,
А осенью озолочу».

1982

* * *

Let's go round the ring road,
from beginning to end
or perhaps from end to beginning.
If you don't get car sick
let's you and I circle
in these places till we're fed up.
The road, the fence, the starling-box,
the road, the fence. A hazel grove
dropping its spring pollen
Let's go round the ring road.

1981

* * *

My love, my curse,
my fate – I fly
to your embrace – your unfaithful one.
Hide all that's secret, hide.
Blow my dress with the winds,
water me with summer storms.
Don't answer to the desperate
'Where are you?' The roads down which I fly
are warmed by a beam…
Isn't it you who leans on my shoulder
and whispers: 'Summer will pass fast,
but I will gild you in the autumn.'

1982

* * *

Плохо дело, плохо дело.
За ночь роща поредела,
И случившийся пробел
Дождик штопал, как умел.
Штопал жиденькою штопкой,
Нитью рвущейся и робкой.
Дождь, цепляясь за кору,
Штопал каждую дыру.
Мир со множеством отверстий
Ветер гладил против шерсти,
Супротив, да супротив,
Ветви голые скрутив
До болезненного хруста…
Свято место нынче пусто,
И витают, где бело,
Только ветер да крыло.

1982

* * *

Нам август, уходя, позолотил пилюлю:
Позолотил листву, скользнул лучом по тюлю
В распахнутом окне, прошелестел садами,
И одарил сполна сладчайшими плодами,
Чтоб мы вкусили миг разлуки горько-сладкий;
Позолотил листву в исписанной тетрадке,
Где маются слова, тире и запятые
В попытке удержать мгновенья золотые.

1986

* * *

Things look black, look black.
The grove got thin overnight
and the soft rain darned as far as it could
the gap that occurred.
It darned with a frail sewing thread,
with a breaking thread and a timid one.
The rain catching onto the bark
darned every hole.
The wind stroked against the fur of
the world with its many openings,
against and against the fur
rocking the bare branches
with a painful crunch.
The holy place is empty now,
only the wind and the wing
whirl in the white day.

1982

* * *

August in its leaving gilded the pill:
gilded the leaves, slid its beam through the lace curtain
at the wide open window, rustled in the gardens
and gave abundantly the sweetest fruits
so that the taste of the moment of parting was bitter-sweet.
It gilded the lines in the completed notebook,
where words, dashes and commas toil
in an attempt to hold the golden moments.

1986

* * *

Роза, жасмин и шиповник, и роза…
В этом избытке для жизни угроза.
Роза, жасмин и шиповник – богатство,
Роскошь и пир, и почти святотатство.
Господи, Боже, не дай насыщенья.
Слишком обильно твоё угощенье.
Слишком обильно и пышно, и сдобно.
Яство такое едва ли съедобно.
Роза, жасмин и шиповник, и роза –
Чуда земного смертельная доза.
Для вдохновенья, и счастья, и боли
Нам бы хватило и тысячной доли.

1986

* * *

Мы ещё и не живём
И не начали.
Только контуры углём
Обозначили.
Мы как будто бы во сне
Тихо кружимся
И никак проснуться не
Удосужимся.
Нам отпущен воздух весь,
Дни отмерены,
Но как будто кем-то здесь
Мы потеряны.
Нас забыли под дождём –
Мы не пикнули,
Но как будто вечно ждём,
Чтоб окликнули.

1991

* * *

Rose, jasmine and sweetbrier, and rose…
Life is threatened in this abundance.
Rose, jasmine and sweetbrier, and rose –
luxury and feasting, sacrilege almost.
Oh Lord God don't make me sated.
Your offerings are too generous.
Too generous, splendid and rich.
Such a feast can scarcely be consumed.
Rose, jasmine and sweetbrier, and rose –
a deathly dose of the earth's miracle.
For inspiration and happiness and pain
one-thousandth would have sufficed us.

1986

* * *

We are not alive yet
and have not begun to live.
The outlines have only
been marked with charcoal.
As though in a dream
we circle quietly
and never find time
to wake up.
All the air is given to us,
the days are measured off,
but it's as though we have been
lost by someone.
We were forgotten under the clouds,
but we did not let out a squeak,
and it's as though we are waiting eternally
for someone to call us.

1991

* * *

Все это движется, шуршит,
Переливается и машет,
Под чью-то дудку слепо пляшет,
И чей-то замысел вершит.
Переливается, поет,
И веткой яблоневой манит,
И то ли душу сладко ранит,
Не то бальзам на душу льет.
О, эти юные миры,
Июньских листьев полог низкий
И счастье оставаться в списке
Живых участников игры.

1993

* * *

Всех слов и строчек, всех «ля-ля»
Прекрасней чистые поля
Любой страницы.
Пиши, мой друг, себе веля
Остановиться
У той невидимой черты,
За коей немы я и ты.
За той границей
Святое поле немоты
Да сохранится.
Да знает слово свой предел…
Каких бы струн ты ни задел
Своей эклогой,
Какой бы речью ни владел,
Полей не трогай.

1993

***

All this moves and rustles,
flows and waves,
dances blindly to someone's pipe
and crowns someone's design.
It flows over, sings
and beckons with an apple branch
and at times sweetly wounds the soul,
at times pours balsam on it.
Oh, these young worlds,
the low canopy of June leaves
and the happiness of remaining on the list
of the living participants of the game.

1993

***

The clean margin of any page is more beautiful
than all words and lines, all "trala-las".
Write, my friend, ordering yourself
to stop
by that invisible frontier,
beyond which you and I are mute.
Beyond that border
let the secret field of muteness
be preserved.
May the word know its limits...
Whichever string you plucked
with your eclogue,
whichever speech was at your command:
don't touch the margin.

1993

* * *

И я сгораю в том огне,
Что отражен в моем окне
В час заревой и час закатный,
И жизнь, дарованная мне,
Не мнится больше необъятной.
Горят, охвачены огнем
Непобедимым, день за днем,
Горят и гаснут дни и годы.
Сей мир – души не чаю в нем,
Хоть он лишил меня свободы,
Не дав спокойствия взамен.
Какой чудесный феномен –
Любить лишь то, что душу ранит:
Над пропастью опасный крен,
Существование на грани
Невесть чего. Исхода нет.
Любовь? Она лишь стылый след.
Покой? Но он нам только снится.
Так что же есть? Небесный свет,
В котором облако и птица.

1993

* * *

И золотым дождем прольется
Листва, падет сплошной стеной,
Земля бесшумно повернется
Своею лучшей стороной,
И время бег свой напряженный
Прервет на самый краткий миг,
Чтоб разглядеть завороженно
Земли преображенный лик.

1995

***

I burn in that fire
that is reflected in my window
in the dawn hour and the sunset hour,
and life, which has been granted to me,
does not seem endless any more.
Days and years burn,
seized by the unconquerable fire,
day after day
burn and go out.
This world – I worship it,
although it deprived me of freedom,
not giving me peace in exchange.
What a wonderful phenomenon –
to love only what wounds the soul:
a dangerous list above the precipice,
living on the edge
of God knows what. No way out.
Love? It is only old traces.
Peace? It is only in our dreams.
So what is there? The light of the heavens
in which are clouds and birds.

1993

***

The leaves flow like golden rain,
fall in a thick wall,
the earth silently turns
on her best side
and time breaks off its tense
run for the shortest of moments,
to discern fascinatedly
the transfigured countenance of the earth.

1995

* * *

Получен счет за телефон –
За звуковой привычный фон,
За постоянные помехи,
За то, что тонут в чьем-то смехе
Мои горчайшие слова,
За то, что кругом голова
От бесконечных разговоров,
За то, что вздохи вместо взоров,
За то, что краткое "пока"
Сказать не в силах, хоть рука
И затекла и занемела,
За то, что снова не сумела
Прервать пустую болтовню,
За то, что сорок раз на дню
Рождаются и гаснут в трубке
Слушок, смешок и голос хрупкий.

1995

* * *

Осыпается жасмин, осыпается…
Спит душа моя и не просыпается,
Видит белого жасмина цветение…
Впрочем, то ли это сон, то ли бдение,
То ли это сна и яви свидание…
Видит белых лепестков увядание,
Видит как они на землю – увядшие –
Опускаются, как ангелы падшие.

1996

* * *

We've received the phone bill –
for the usual background sound,
for the constant noisy signals,
for my most bitter words
that drown in someone's laughter,
for my head spinning
from endless conversations,
for sighs instead of looks,
for not having the strength to say
even a brief 'goodbye', though your arm
is stiff and numb,
for not being able again
to cut short the empty babbling,
for rumours, jokes and a frail voice
being born and dying on the phone
forty times a day.

1995

* * *

The jasmine petals fall.
My soul sleeps and does not wake,
sees the blossoming of the white blooms…
However, is it dream or waking,
or is it the meeting of dream with reality?
 It sees the fading of the white petals,
sees them dropping on the earth
like fallen angels.

1996

* * *

Постой же, время, не теки.
Постой со мною у реки
Такой медлительной и сонной.
Пусть жизнь покажется бездонной
Упрямым фактам вопреки.
На этом тихом берегу
Поверить дай, что всё смогу,
Что ничего ещё не поздно,
Что я… «И ты это серьёзно?», –
Шепнуло время на бегу.

1997

* * *

Голос ломок, слеза солона,
Взгляд растерян – сии сантименты,
Сокровенные эти моменты
Не забудь, коли память дана.

Помни, помни, memento о ней –
Не о смерти, – о жизни, о жизни,
О моментах, что прочих капризней,
Прочих сладостней и солоней.

1998

* * *

Stop a little, time, don't flow.
Stop a little with me by the river
slowly lingering and sleepy.
Let life seem bottomless,
contradicting the stubborn facts.
On this quiet bank
let me believe that I can do everything,
that nothing is too late,
that I... 'You really mean this?'
whispered time on the run.

1997

* * *

Brittle voice, salty tear,
lost look – these sentiments,
these treasured moments:
don't forget them, while memory is given.

Remember, remember, the memento,
not *memento mori*, but of life, life,
about the moments more capricious than others,
more salty and sweet than others.

1998

* * *

Что со мною? Я болею,
Я никак не одолею
Ненавидимое мною
Притяжение земное.
Сверху мир такой небесный
Невесомый, бестелесный,
И просторный, и летучий,
Я стою внизу под тучей,
Провожаю взглядом стаю,
Не парю и не летаю.

2002

* * *

Да не прервётся связь времён!
Да будет краткий миг продлён
Лучами, ливнями, тенями,
Ночными зыбкими огнями!
Да не сгорит горящий куст!
Да будет холст, как небо, пуст
И полон только ожиданья!
Да предстоит ему свиданье
С рукой творящего, рукой,
Способной нарушать покой.

2002

* * *

What's up with me? I'm ill.
I can never overcome
the earth's gravity
that I so hate.
The world above is so heavenly,
weightless, bodiless,
expansive and flying.
I stand under a storm cloud,
following with my eyes a flock of birds,
and don't soar and don't fly.

2002

* * *

Let the connection of times not break!
Let the short moment be extended
by rays, downpours, shadows,
by shaking night lights!
Let the burning bush not burn out!
Let the canvas be empty as the sky
and full only of anticipation!
And a meeting awaits it
with the hand of the creator,
a hand capable of destroying peace.

2002

* * *

Ну успокойся, успокойся,
Живи и ничего не бойся,
Кругом воздушная среда,
И, раз уж ты попал сюда,
Дождями летними умойся.

Летят по ветру лепестки…
Увы, не избежать тоски,
Но и тоска остра, как счастье…
Поди пойми, что в нашей власти,
Что далеко, к чему близки

2003

* * *

Мне сегодня не до сна,
Потому что жизнь грустна.
С каждым днём она грустнее,
Подскажи, что делать с нею,
Как её растормошить,
Ноты горестной лишить,
Как лишить щемящей ноты…
Но всё время слышу: «Кто ты?
И зачем тебе дана
Высь, которая без дна?»

2003

* * *

Well, calm down, calm down,
just live and fear nothing,
all around is the airy atmosphere,
and since you've landed here
bathe in the summer rains.

Petals fly on the wind…
We cannot, alas, escape the anguish,
but anguish is sharp as happiness…
Is it possible to realize what is within our power,
What is near, what is far away?

2003

* * *

Today I can't sleep
because life is full of sorrow
and it gets more sorrowful each day.
Tell me, my friend, what to do with it,
how to rouse it into action
to deprive it of its sad note,
its aching note…
But I hear all the time: 'Who are you?
And why have you been granted
the bottomless height?'

2003

* * *

Текущий день, сходя на нет,
Оставил акварельный след,
И я за ним иду по следу
В вечерний час, шестого, в среду.

Его подвижные мазки
К исчезновению близки,
И вместе с ними я исчезну,
Легко нырнув в ночную бездну,
Не ведая удастся ль мне
Очнуться в следующем дне.

2003

* * *

Чего мне хочется? Побега.
Какого-то морского брега,
Каких-то безымянных вод,
И чтоб волна на берег тот
С шуршаньем тихим набегала,
Чтоб надо мной звезда мигала
И чтобы посылала свет
В края, которых в мире нет.

2003

* * *

The day dying out
left the traces of a water colour,
and I follow in its tracks
at six in the evening on a Wednesday.

Its mobile strokes
were close to disappearing
and together with them I'll disappear,
easily plunging into the night abyss,
not knowing whether I'll succeed
in getting to the following day.

   2003

* * *

What do I want? Escape.
Some seashore
of some unnamed waters,
and so that wave ran
to that shore with a quiet swish,
so that above me a star
should wink and send light
to the realms which are not of this world.

   2003

* * *

От яблок ветка тяжела.
Я рядом с ней весь день жила,
И поживу ещё, быть может,
Коль хватит сил, коль Бог поможет.

Плоды зелёные висят,
Дожди всё лето моросят,
Размокший след ведёт к калитке,
А жизнь моя висит на нитке –
На солнечной, на дождевой,
На ускользающей, живой.

2003

* * *

Я говорить устала складно.
Я отдохну немного. Ладно?
Во мне сегодня нет огня.
Ты, муза, подожди меня.
Ведь в нашем деле нет корысти.
Ты дудочку пока почисти.

2008

* * *

The branch is heavy with apples.
I lived alongside it all day
and will perhaps live a little longer
with God's help if my strength does not give out.

Green fruit hang,
rains drizzle all summer,
soaked tracks lead to the wicket gate
and my life hangs on a thread –
a sunny one, a rainy one,
one sliding away but, oh, so mortal.

2003

* * *

I'm tired of speaking in rhyme,
I'll rest a little, OK?
I have no fire in me today.
Muse, please wait for me,
you and I are not greedy,
go on, clean the little reed pipe.

2008